Britta Nonnast · Stefanie Jeschke

Henriette
rockt die Halle

Schulhündin im Einsatz

BELTZ
& Gelberg

Lauf, Eddy, lauf

Der Reifen vom Roller ist platt. Das ist richtig doof, denn Eddy, Henriette und der Riesenschneck Toni wollen gerade los. Heute ist Sporttag in der Schule. „Wir kommen kommen zu spät", jammert Eddy. Er ist als Lehrer noch ganz neu und will keinen Ärger. Vor allem nicht mit der Klappeisen.

Frau Klappeisen ist die Rektorin und hält jeden Morgen Wache vor ihrer Schule. Alle Langschläfer kriegen Schimpfe von ihr. „Wer drei Mal zu spät kommt, fliegt von der Schule!" Solche Sachen sagt sie, um allen einen Schreck einzujagen.

Vor allem Eddy. Den mag sie nicht, weil er stottert und weil er Henriette mitbringt.

Die Klappeisen findet Tiere in der Schule unmöglich. „Wir sind kein Zoo! Und ein Zirkus sind wir auch nicht", sagt sie immer.

Ganz besonders Hunde kann sie nicht leiden. Aber die Leute vom Schulamt wollen, dass Henriette im Unterricht hilft.

Dass Eddy als Lehrer stottert, findet die Klappeisen auch unmöglich. „Arbeiten Sie doch in der Gärtnerei", blafft die Klappeisen.

Henriette kapiert nicht, was Eddy in der Gärtnerei soll, nur weil er ein paar Worte doppelt.

Die Rektorin muss noch viel lernen, um eine gute, nette Lehrerin zu sein, glaubt Henriette. „Wer so laut bellt, hat Angst", weiß sie. „Das gilt auch für Zweibeiner." Am liebsten würde sie die Klappeisen in eine Hundeschule für bissige Hunde schicken.

Eddy will keinen Ärger. Von der Schule darf er auf keinen Fall fliegen. Dazu mag er die Kinder seiner Klasse viel zu sehr. Deshalb ist er jetzt richtig sauer auf sich selbst. „Das schaffen wir heute nie nie."

„Ach was!", ruft Henriette. „Wir joggen. Heute ist Sporttag. Das passt doch." „Auf die Plätze, Pfoten, los!"

8

Henriette wirft ihre langen Beine in
die Luft.

„Och", seufzt Eddy. „Ich bin
doch viel viel zu lahm."

„Ach, was!", sagt Henriette.
„Du brauchst nur eine
kleine Erfrischung."
Und schlabbi-schlabb,
schleckt sie ihm übers Gesicht.
Das wirkt immer.
Schon bewegt sich Eddy schneller.
„Nochmal?!" Henriette springt an Eddy
hoch. Der will aber keinen Hundekuss
mehr. Deshalb trabt er, so schnell er
kann, los. In einer Sekunde hat
Henriette ihn überholt. „Fang mich!",
ruft sie. Mit Flatterohren und im
Hundegalopp rennt sie Richtung
Schule. „Los! Lauf! Schneller, Eddy!
Lauf! Fang mich!"

Disziplin

Fast vergisst die Klappeisen heute die
Pünktlichkeit und die Uhr. Sie hat nur
noch Augen für ihren neuen Sportanzug!
Den hat sie sich extra für den Sporttag
gekauft.

„Eins, zwei, eins, zwei, eins, zwei."
Begeistert beäugt sich die Klappeisen im
Spiegel. „Ich sehe guuut aus. Ich bin fit
und bleibe fit. Alles eine Frage der
DIS-ZI-PLIN. Ohne Disziplin geht
nichts."
Da sieht sie die Uhr im Spiegelbild.
„Schon fünf Minuten vor acht Uhr?"
Sie linst aus dem Fenster. Der rote Roller
steht nicht vor der Tür. „Die kommen
bestimmt wieder zu spät! Schon zum
zweiten Mal in diesem Schuljahr."
Die Klappeisen klatscht in die Hände,
dann sucht sie ihr rotes Notizbuch.
Hier schreibt sie alles rein, was ihr nicht
passt. Vorher malt sie sich aber noch
die Lippen rot an.

SCHULE

Halt, Hallenschuhe!

Auf die Minute pünktlich kommen Eddy
und Henriette an der Turnhalle an.
Henriette freut sich riesig auf den Sporttag.
Mit einem Riesenhops springt sie in die
Halle.
„Halt!", schreit die Klappeisen. Sie zeigt auf
ein Schild an der Wand: „Hallenschuhe!"

Henriette hebt ein Bein und streckt es der Rektorin entgegen. „Ich lass die Pfoten immer an. Die sind sauber und rutschfest sind sie auch!"

„Henriette hat keine keine Hallenschuhe", schnauft Eddy. „So was gibt es gar gar nicht für Hunde."

„Mir egal! Pfoten sind Pfoten und keine Hallenschuhe!" Die Klappeisen schaut auch streng auf Eddy.

„Meine Turnschuhe hab ich leider leider vergessen", muss er zugeben. Das ist ihm jetzt echt peinlich.

Die Klappeisen kann ihr Grinsen kaum zurückhalten. „Dann turnen Sie eben auf Socken! Und Hunde müssen draußen warten!"

Damit sind Wanda-Marie, Onno und die anderen Kinder aber ganz und gar nicht einverstanden.

„Henriette soll bleiben", ruft Selma und setzt sich auf den Boden. „Sonst machen wir auch nicht mit."

Haya verschränkt die Arme und hockt sich neben Selma. „Wir streiken, wenn sie rausmuss."

Wido wirft seine Turnschuhe weg. „Ich muss auch draußen warten!"

Jetzt setzen sich auch alle anderen Kinder auf den Boden.

16

Nur Fin-Benjamin bleibt stehen.

Die Klappeisen wird tomatenrot im
Gesicht. Sie greift nach der Trillerpfeife
und pfeift so laut, dass es in den Ohren
beißt. „Das gibt für alle eine Sechs!
Das ist Leistungsverweigerung."

„Aber ich krieg eine Eins, oder?", fragt
Fin-Benjamin und zupft der Klappeisen
am Ärmel.

„Blödmann", flüstert Magnus und
verdreht die Augen.

Henriette will nicht, dass die Kinder
wegen ihr eine schlechte Note bekommen.
„Ich verzieh mich", brummt sie.
Aber Lotti hält sie zurück. Sie zeigt
auf den großen Schuhberg im
Geräteraum. „Guck, alles
vergessene Schuhe.
Such dir welche aus!"

Landesmeisterin

„Der da zuerst", keift die Klappeisen.
Sie schaut Eddy fordernd an und
deutet auf die Ringe. „Vormachen!"
Eddys Turnprüfung ist schon länger
her. Aber als Lehrer muss man halt
vorturnen. Deshalb nimmt er Anlauf ...
... und rennt auf die Ringe zu.
Aber die Socken rutschen.
Bevor er auf die Nase fällt, greift
Eddy schnell die Ringe.

Er hat einen Riesenschwung und
wird in die Luft geschleudert.
Am höchsten Punkt kann er sich
nicht mehr halten ...

Ahhh

... und landet
mit einem Doppelsalto
auf dem Bauch.

Uhhh

„Das war toll!" Die Kinder staunen.
Den Salto fanden sie super.
„Das war komplett außer Kontrolle!",
schimpft die Klappeisen. „Das ist eine
glatte Sechs."
„Eddy, du warst super", freut sich
Henriette. „Ich will auch!"

Komplett
außer
Kontrolle!

Henriette steigt mit den
Vorderpfoten in die Ringe. Mit den
hinteren Pfoten nimmt sie Anlauf. Dann
schwingt sie in die Luft und winkt mit
den Ohren.

„Juhuuuu", jubelt Henriette.

„Juhuuuuuu", rufen die Kinder und
rennen neben ihr her.

Da bleibt der Klappeisen die Spucke weg.

Ihr hat noch nie jemand zugejubelt.

Dann schimpft sie los: „Das ist kein
Hundeplatz! Runter von den Ringen!
Jetzt bin ich dran!"

Im größten Schwung lässt Henriette los ...

und landet elegant auf ihren Pfoten.

Die Kinder klatschen Beifall.
„Von einem Hund kann man nichts
erwarten", sagt die Klappeisen. „Aber
ICH war Landes-Jugend-Meisterin!"
Sie greift nach den Ringen.

Sie schwingt los.

Das macht sie eigentlich gar nicht schlecht.

Allerdings hat sie ihre Kette vergessen.

Die dreht sich in der Luft und
schnürt ihr fast die Kehle ab.

„Vorsicht, Vorsicht!", ruft Eddy
und stoppt die Klappeisen.

„Hab alles im Griff", schnauzt
sie Eddy an.

Mit einem Ruck reißt sie sich
die Kette vom Hals und pfeffert
sie auf die Bank.

Über Kopf

„Jetzt will ich", ruft Zarina, aber die
Klappeisen hört einfach nicht auf.
Sie turnt wie von Sinnen. Vor und zurück
und vor und zurück. Jeder soll sehen,
wie toll sie das kann.
„Wir sind dran!" Jamaal findet das
Warten fürchterlich. „Lass uns auch mal."
Aber die Rektorin schwingt weiter und
ruft mit lauter Stimme: „Wer das kann,
bekommt die Eins!"
Bruno wird es langweilig. Er gähnt und
legt sich auf eine der Bänke.
Lotti läuft der Klappeisen nach. „Halt
an!"
„Halten SIE an, heißt das!", schreit die
Rektorin. Stoppen will sie aber nicht.
Henriettes Ohren jucken vor Langeweile.
Da übt sie lieber Handstand.

Sie schwingt ihre Hinterbeine in die
Luft und läuft auf den Vorderpfoten.
Auf den Händen laufen kann Eddy auch.
Wido findet das stark und will das auch
lernen. „Zeig ich dir dir", sagt Eddy.
Er hilft Wido in den Handstand.
Der kann sogar gleich loslaufen.
Die anderen Kinder möchten es ihm
nachmachen. Nur Fin-Benjamin nicht.
„Ich will die Eins", sagt er und schaut
weiter der Klappeisen zu.
„Handstand kann ich nicht", winkt
Magnus ab.
„Und ob du das kannst." Eddy und
Henriette helfen allen Kindern in den
Handstand.
Die Klappeisen erträgt nicht, dass die
Kinder ihren Spaß haben, und ruft: „An
die Ringe! Sofort!" Sie pendelt aus.
Dann schaut sie sich um und schreit:

Ich komme nie wieder raus

Ein Dieb geht um

„Diebstahl! In meiner Schule!", kreischt die Klappeisen. „Das hat es noch nie gegeben. Erst seit der Hund hier ist." Sie fasst sich immer wieder an den Hals. „Meine Kette ist unbezahlbar."

Gleich heult sie los, denken die Kinder.

Aber die Klappeisen schreit lieber.

„DU! Du hast sie gefressen! Stimmt's?!"

Sie sieht Henriette feindselig an.

„Ketten kann man nicht fressen, das weiß doch jeder Welpe." Henriette bleibt ganz lässig. „Schmeckt überhaupt nicht und ist unverdaulich."

Eddy versucht die Rektorin zu beruhigen: „Sie frisst keine keine Ketten."

„Mach ich nicht! Ehrenwort!" Henriette stellt sich vor der Klappeisen auf die Hinterbeine. „Schau, da ist nichts."

Sie reißt ihr Maul weit auf, dass die Rektorin selbst schauen kann. „Iiiiihhhhhh", schreit die Klappeisen, vor allem, weil sie die großen, spitzen Zähne erblickt. Im Maul sieht Henriette aus wie ein Wolf. „Rufen Sie Ihren Köter zurück. SOFORT!"

Eddy macht nur ein Handzeichen, da legt sich Henriette grinsend auf den Boden.

„Entweder die Kette ist schon längst im Magen der Bestie", zetert die Rektorin. „Oder eines der Kinder hat sie geklaut. Und das will ich wohl nicht hoffen!"

„Niemand aus meiner meiner Klasse klaut", sagt Eddy. „Außerdem haben alle Kinder Handstand geübt geübt."

„Ich nicht!", meldet sich Fin-Benjamin. „Aber ich hab nix genommen."

Die Klappeisen lässt nicht locker. Ohne Kette fühlt sie sich nur wie eine halbe Rektorin. Jetzt blitzt sie Eddy an: „Haben etwa SIE die Kette? Hä? Was ist denn da in Ihren Hosentaschen?"

Eddy ist völlig verdattert.

Er stülpt seine Hosentasche nach außen.

„Ich habe keine keine Kette! Das ist nur bunte bunte Kreide."

„Na, hör mal, Chefin. Komm mal runter!", brummt Henriette. Nur zu gerne würde sie knurren. Aber sie benimmt sich. Sie hat eine gute Hundeschule besucht. Also bleibt sie cool.

Wie kann man bloß glauben, dass der beste Lehrer der Welt ein Dieb ist? „Eddy klaut nicht!", sagt Henriette. „Das schwöre ich mit meinen vier Pfoten und lege die Schnauze für ihn ins Feuer."

Die Klappeisen würde Eddy und Henriette aber am liebsten sofort verhaften. „Solange meine Kette weg ist", schnaubt sie, „darf keiner die Halle verlassen. Ich rufe die Polizei."

Mit offenen Augen
sieht man besser

Lotti schaut sich um. „Die Klappeisen hat
doch die Kette auf die Bank gepfeffert."
„Aber da liegt sie nicht mehr", stellt Udine
fest. „Sie muss aber noch hier sein, weil
keiner rausgegangen ist."
Henriette stupst die Mädchen an. „Das ist
ein Fall für meine Nase."
Sie beschnüffelt die Bank. Hier lag die
Kette, das kann sie deutlich riechen.
Und da klebt auch noch ein zweiter
Geruch, den sie nur zu gut kennt ...
„TONI!" Henriette schnüffelt in die Luft.
„Wo ist eigentlich Toni?"
Eddy erschrickt und greift sich an den
Kopf. „Wir haben Toni heute morgen auf
der Straße vergessen vergessen! Oh je, oh
je. Wegen der blöden blöden Pünktlichkeit."

Eddy macht sich riesige Sorgen.

„Was bin ich nur für ein Idiot Idiot? Hoffentlich ist ihm nichts nichts passiert." Henriette hält sich die Ohren vor die Augen. „Du dicker Haufen! Ich bin einfach losgerannt! Ich dummer Hund!" Sie jault laut auf, „UUUHHHUUUUU", und beißt sich in den Schwanz, weil sie sich so ärgert. „UUUUHHHHHUUU."

„Wir müssen Toni Toni finden!" Eddy rüttelt an der Tür. „Jetzt hat uns Frau Klappeisen auch noch noch in der Halle eingesperrt."

Henriettes Nase zuckt. „Toni ist hier, das rieche ich genau."

„Da steht was!", ruft Selma. „Alle … sind …so …doof", liest sie vor.

„Das ist Schneckenschleim!", kreischt Jamaal. „Das hat Toni geschrieben!"

Von dem Geschrei wacht Bruno auf.
Noch ganz benommen zwinkert er mit
den Augen. „Da ... da ist er doch!"
Bruno zeigt hoch zur Decke.
Dort klebt Toni.
Die Kette ist um sein Häuschen
gewickelt.

Im Schneckenhaus

„Toni!", ruft Eddy erleichtert. „Wie gut,
dass dir nichts nichts passiert ist!"
„Komm raus, Toni." Henriette streckt
ihm die Pfoten entgegen. „Bitte!"
Alle schauen an die Decke.
„Toni schäumt!", ruft Wanda-Marie.
Sie hat Recht. Am Ausgang vom
Schneckenhaus blubbern schaumige
Blasen.
„Verdammte Hundeleine!" Henriette
springt aufgeregt hin und her. „Er ist so
sauer, dass er den Ausgang verkalkt."
„Das ist nicht gut gut." Eddy läuft zum
Geräteraum. „Wenn er zukalkt, dann
kommt er für ein halbes halbes Jahr nicht
mehr raus. Das müssen wir wir
verhindern." Er packt das Trampolin.
„Damit springen wir zu ihm hoch hoch."

Henriette und die Kinder helfen, das
Trampolin aus dem Geräteraum zu
schieben. Sie stellen es genau unter Toni.
Aber Toni denkt nicht daran,
rauszukommen.
Ganz im Gegenteil.
Er zieht sich noch weiter
in sein Schneckenhaus
zurück.

Wir springen zu
ihm hoch!

Der Kommissar kommt

Die Klappeisen hat tatsächlich die Polizei geholt. „Aha. Dieser Schneck hat also die Kette gestohlen?" Der Kommissar schaut zur Decke. „Ist das Ihr Riesenschneck?", fragt er dann Eddy.

Der nickt.

„Aha. Woher haben Sie den Schneck?"

„Er ist mir mir zugelaufen."

„Wann war das?"

„Da war er noch sehr sehr klein. Vor drei drei Jahren etwa."

„Und dann haben Sie ihn zum Dieb abgerichtet", mischt sich die Klappeisen ein.

„Warum hat der Schneck die Kette bei sich?", fragt der Kommissar.

„Keine keine Ahnung!", sagt Eddy.

„Aber ICH habe eine Ahnung",
prustet die Klappeisen. „Schnapp die
Kette, haben Sie gesagt. So war das."
Udine hält das für Quatsch: „Dann wäre
Toni längst durch das offene Fenster
abgehauen."
„Das hat er aber nicht gemacht", erklärt
Henriette. „Er hat sich an die Decke
geklebt, weil er beleidigt ist."
„Aha", sagt der Kommissar. „Seit wann
können Schnecken beleidigt sein?"

„Schnecken sind wie Menschen." Da ist sich Wanda-Marie ganz sicher. „Wenn Toni gute Laune hat, schleimt er Herzen an die Tafel. Wenn er sauer ist, verkriecht er sich."

Der Kommissar macht sich Notizen.

„Oder Toni schreibt uns was." Bruno zeigt auf die Wand.

„Alle sind so doof", liest der Kommissar laut. „Aha. Der Schneck kann schreiben?"

Eddy nickt. „Das hat er sich selbst selbst beigebracht." Er seufzt. „Toni ist superschlau. Das glaubt glaubt nur niemand, weil er ein Schneck ist."

38

„Und wer leise ist, den hört keiner",
erklärt Henriette. „Toni hat einen
Intelligenz-Quark von 280 und ist
hochsensibel."

„Das heißt Intelligenz-Quotient", sagt
Fin-Benjamin. „Das weiß ich genau, ich
bin auch fast hochbegabt."

„Toni ist jedenfalls sehr sehr besonders",
sagt Eddy und schaut sorgenvoll
Richtung Decke.

Dort blubbert immer mehr Schaum aus
dem Häuschen.

Ein Zeuge

Die Klappeisen ist ganz rot im Gesicht.
„Eine Schnecke kann nicht schreiben!" Sie
schnappt nach Luft. „Verhaften Sie die
beiden." Sie zeigt auf Henriette und Eddy.
„Das sind Komplizen!"
„Die dicke Schnecke muss aber auch in den
Knast", sagt Fin-Benjamin. „Die hat
schließlich die Kette geklaut!"
„Aha. Woher weißt du das?", fragt der
Kommissar.
Fin-Benjamin denkt kurz nach. „Das habe
ich gesehen. Nein: beobachtet."
„Was genau hast du gesehen?"
Fin-Benjamin fühlt sich ganz wichtig.
„Das war so: Die dicke Schnecke hat sich
angeschlichen und die Kette geschnappt.
Dann hat sie nach links und rechts geguckt
und ist davongerannt."

„Seit wann können Schnecken rennen?", fragt Haya. „Und warum hast du nichts gesagt?"
„Ich musste auf die Ringe aufpassen. Ich will ja eine Eins."
„Dann hast du aber auch nicht Toni beobachten können", findet Wido.
„Doch." Fin-Benjamin verschränkt die Arme vor der Brust. „Aus den Augenwinkeln."
Der Kommissar räuspert sich. „Dann hätten wir einen Zeugen. Damit ist der Schneck sehr verdächtig."

„Das sage ich ja die ganze Zeit!",
schimpft die Rektorin. „Pfeifen Sie
gefälligst Ihre Räuberschnecke zurück",
zischt sie Eddy an.
„Toni ist kein Räuber! Dabei bleibe ich
mit aller aller Entschiedenheit!" Langsam
stinkt es Eddy. „Ich möchte auch, dass er
wieder runter runterkommt. Aber wenn
Toni Toni sich ins Schneckenhaus
verkriecht und kalkt, kann es ewig ewig
dauern, bis er wieder rauskommt."
„Vielleicht kommt er ja raus, wenn wir
ihn alle rufen", schlägt Magnus vor. „Alle
zusammen."
„TONI! TONI!", ruft Magnus.
„TOOOONI", stimmen die anderen
Kinder mit ein.
Henriette hüpft dazu im Takt auf dem
Trampolin und springt hoch und höher.
„TONI-MELO-NI!"

42

Alles, was schmeckt

„Hat Toni schon gefrühstückt?", fragt
Zarina.
Eddy schüttelt traurig den Kopf. „Wenn
er sich zurückzieht, hat er keinen keinen
Hunger."

„Auch nicht auf Melone?" Lotti
weiß, dass Riesenschnecken
Melonen mögen. Deshalb nennt
ihn Henriette ja auch manchmal
Toni Meloni.
„Oder Banane?"
„Ich habe einen Apfel dabei."
„Erdbeeren mag Toni auch
sehr."
Alle reden durcheinander
und holen ihre
mitgebrachten Leckereien
aus der Umkleide.

44

„Alles für dich, Toni!", ruft Selma.

„Nur für dich!"

„Die Melone ist süß und saftig", ruft Wido.

Udine wirft sogar Erdbeeren hoch in die
Luft.

Aber Toni lässt sich nicht blicken. Nicht
mal ein Fühler kommt zum Vorschein.

„Wir müssen ihm die Früchte vor die
Nase halten, dann bekommt er Hunger",
schlägt Onno vor.

„Wir bauen eine Pyramide!", ruft
Henriette voller Begeisterung.

Sofort stellt sie sich breitbeinig auf den
Boden.

Selma steigt auf Henriettes felligen
Rücken.

Wido klettert auf Selmas und Onno auf
Widos Schultern.

Udine zieht sich an den Ringseilen hoch
und stellt sich auf Onno.

Magnus klettert vorsichtig an
allen Kindern hoch. Das macht
er ganz hervorragend.
Er steht jetzt ganz oben.
Er streckt die Hand aus, es fehlen
nur noch 20 Zentimeter, dann könnte
er Toni berühren.
Bruno steckt ein paar Früchte auf einen
Bleistift und gibt ihn Selma.
Der Fruchtspieß wandert von Kind zu
Kind hoch bis zu Magnus.
Der hält den Spieß an Tonis Häuschen.
Nichts regt sich.
„Essen ist in der Halle verboten!",
faucht die Klappeisen. „Noch fünf
Minuten. Wenn dann nichts passiert,
verständige ich die Feuerwehr. Die holen
das Viech mit der Drehleiter runter."
Die Rektorin scharrt mit den Füßen.
„Die Kosten tragen aber Sie!"

Damit meint sie Eddy. „Und die Obstpampe wischen Sie auch wieder auf."

„Lieber Toni, komm raus. Schau, was wir hier Tolles für dich haben", flüstert Magnus.

Dann kann er nicht weiterreden, denn der Kinderturm gerät ins Wanken.

Ein Kind nach dem anderen purzelt auf das Trampolin zurück.

Alle zusammen

„Wir schießen die Schnecke mit Bällen ab.
Dann fällt sie einfach runter", schlägt
Fin-Benjamin vor.
„Von mir aus. Hauptsache, die Kette
bleibt heil", nickt die Klappeisen.
Selma könnte in die Luft gehen, so sehr
regt sie sich über Fin-Benjamin auf. „Das
überlebt er nicht, du Schnecken-Quäler!"
„Selber schuld", mault Fin-Benjamin
zurück. „Die Schnecke hat gestohlen!"
„Toni darf nichts nichts passieren", sagt
Eddy bestimmt.
„Hier wird mehr Rücksicht auf Schnecken
genommen als auf das Eigentum anderer
Menschen! Mir reicht's!" Die Klappeisen
platzt gleich. Nervös wippt sie mit dem
Fuß. „In drei Minuten hole ich die
Feuerwehr!"

Eddy winkt alle Kinder heran.

„Ich hab eine Idee Idee. Toni schreibt uns immer was was an die Wand. Jetzt schreiben wir ihm."

Henriette ist begeistert: „Aber riesengroß muss das sein!"

Eddy gibt jedem Kind ein buntes Kreidestück.

„Was soll das werden?", fragt die Klappeisen.

„Eine wichtige wichtige Botschaft",
antwortet Eddy.
„So ein Unsinn", zischt die Klappeisen.
„Ich hole jetzt die Feuerwehr. Und Sie,
Herr Kommissar, passen auf, dass keiner
abhaut."

Henriette steht mit den Kindern im Kreis.
„Wir schreiben so groß, dass Toni es von
der Decke aus auch ohne Brille lesen
kann. Jeder Buchstabe wird mindestens
so groß wie ich!"

Minutenlang regt sich nichts.
Dann, ganz vorsichtig und langsam,
streckt Toni einen Fühler aus dem
Schneckenhaus und linst auf den Text an
der Wand.

Worte bewegen

Alle schauen gebannt nach oben.

„Schlurps."

„Hast du das gehört, Eddy?", fragt Henriette. „Ich glaube, Toni hat unsere Botschaft gelesen. Er hat geschlurpst."
Eddy nickt.

„Was bedeutet das, wenn er schlurpst?", will Haya wissen.

„Das Schlurpsen von Toni ist so so ähnlich wie das Weinen von Menschen", erklärt Eddy. „Toni schlurpst, wenn wenn er traurig ist, wenn er wütend wütend ist und wenn er Schmerzen hat."

„Schlurpst er Tränen?", fragt Haya.

„Ja, Schneckentränen."

Haya kann sich gut vorstellen, wie Toni sich jetzt fühlt. „Wenn ich an seiner Stelle wäre, würde ich auch schlurpsen.

Er hängt ganz alleine da oben. Er ist
traurig und die Kette tut ihm bestimmt
weh. Und wir glotzen ihn alle an."
Plötzlich bewegt sich der Schneck. Sogar
schneller als sonst.
„Er klebt nicht mehr fest!", ruft Jamaal.
Es sieht jetzt aus, als ob Toni über die
Hallendecke schwimmen würde.
Henriettes Schwanz zuckt. „Weil er weint,
klebt der Schneckenschleim nicht mehr.
Er rutscht ab!"
Henriette denkt nicht lang nach.
Sie schnappt sich die nächste Matte,
hält sie sich über den Kopf und läuft
unter Toni her.

Der Schneck gleitet immer schneller
über die Decke. Zwei Fühler kommen
zum Vorschein, dann Tonis ganzes
Gesicht. Seine Augen sind weit geöffnet.
In dem Moment kann er sich nicht mehr
halten.

Ein „Schlurps" ist zu hören, dann fällt er.

Die Wahrheit

Tonis rechter Fühler ist geknickt. Sonst scheint es ihm gut zu gehen.

„Schlurps!" Er kann nur nicht aufhören zu schlurpsen.

Die Klappeisen stürmt zur Tür herein und will als Erstes Toni die Kette entreißen. „Her damit!", ruft sie.

Aber so einfach ist das nicht. Die Kette hat sich fest um Haus und Hals gewickelt. Eddy muss Toni vorsichtig befreien. Alles klebt. Am Schneckenhals bleibt ein tiefer Abdruck zurück.

„Armer Toni!", winselt Henriette. „Endlich bist du die hässliche Leine los."

„Aber die Anzeige wegen Diebstahls hat er am Hals", schimpft die Klappeisen und rümpft die Nase. „Und die Feuerwehr ist auch gleich da."

Fin-Benjamin zupft die Klappeisen am Ärmel. „Hast du die Schmiere an der Wand schon gesehen?"

Die Rektorin reißt die Augen auf und kriegt kaum Luft. „Schmiererei! Das ist das Letzte. Die ganze Klasse fliegt von der Schule!"

„Ich aber nicht, ich krieg die Eins", sagt Fin-Benjamin.

Die Rektorin hat jetzt überhaupt keine Lust auf Noten. „Jetzt nicht, du Nervensäge", schimpft sie.

Das passt Fin-Benjamin überhaupt nicht. „Du hast die Eins versprochen!"

„Es geht hier um MEINE Kette und um die Schule, nicht um dich!" Die Klappeisen verrollt die Augen. „Verhaften sie den Schneck und seine Komplizen", blafft sie den Kommissar an. „Um die Kinder kümmere ich mich."

Aber Fin-Benjamin unterbricht die
Rektorin wieder: „Die Schnecke hat gar
nichts gemacht. Du hast der Schnecke
deine Kette einfach übergeworfen. Ich hab
es genau gesehen! Das war Tierquälerei.
Das sage ich meinen Eltern."
Fin-Benjamin hockt sich auf die Bank und
heult.
Der Kommissar tröstet ihn. „Wein doch
nicht. Wie war es denn wirklich?"
„Wie ich gesagt hab. Die Schnecke hat nix
gemacht."
„Warum hast du gelogen?", fragt Udine.
„Wahrscheinlich hat er es nicht richtig
gesehen." Henriette zwinkert Fin-
Benjamin zu. „Oder?"
Der nickt. Er ist froh, dass Henriette
ihm die Schnauze aufs Knie legt.
„Na, dann ist der Fall klar", sagt der
Kommissar.

Er stellt sich vor die Klappeisen. „Sie haben
die Kette auf ihn geworfen."

„Das war Schneckenverletzung!", ruft
Selma.

„So ist es", sagt der Kommissar. „Da ist eine
Entschuldigung fällig."

„Bei wem?" Die Rektorin ist ganz
verdattert.

„Bei Toni, natürlich!", ruft die ganze Klasse.

„Mhhh", brummt die Klappeisen. „Ahhh,
äh ... Entschuldigung!"

„Das ist ja mal ein richtiges Leckerli", freut
sich Henriette und wedelt mit dem
Schwanz.

Für Toni fühlt sich die Entschuldigung an
wie Erdbeereis, das langsam in den Bauch
läuft. Das macht ihn stark und endlich
traut er sich aus dem Haus:

Hier ist Toni,
der schlaue Schneck!

Dieses Buch ist erhältlich als:
978-3-407-75818-7 Print

© 2021 Beltz & Gelberg
in der Verlagsgruppe Beltz · Weinheim Basel
Werderstraße 10, 69469 Weinheim
Alle Rechte vorbehalten
Text: Britta Nonnast
Lektorat: Stefanie Schweizer
Umschlagillustrationen und Illustrationen im Innenteil: Stefanie Jeschke
Konzept der Einbandgestaltung: Julia Kerschbaumer, www.illubelle.com
Satz und Herstellung: Nancy Aprile
Druck und Bindung: Beltz Grafische Betriebe, Bad Langensalza
Printed in Germany
1 2 3 4 5 6   25 24 23 22 21

Weitere Informationen zu unseren Autor_innen
und Titeln finden Sie unter: www.beltz.de